자유로운 영혼, 여행

윤점호 시집

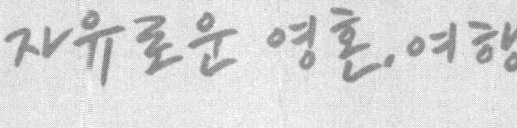

문학과 예술 종합문예지
도서출판 좋은문학창작예술인협회

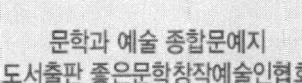

月下 윤점효 시인 여행가

- 좋은문학창작예술인협회 등단 시인
- 좋은문학창작예술인협회
- 제44호 선행시인 선정
- 아호 : 月下
- 시인, 여행가
- 이메일 : why3851@naver.com

첫 시집을 내면서...

바람의 노래를 따라 첫 시집을 내면서 나의 조국과 타국에서 쓴 시들을 모아 첫 시집을 펴냅니다.
어린 시절부터 시는 제게 꿈이자 위로였습니다. 하지만 현실의 벽은 높았고 시인의 길은 멀고도 험했습니다.
방황과 고독 속에서 시는 점점 희미해졌습니다.
그러다 문득 떠난 여행길에서 저는 다시 시를 만났습니다. 낯선 풍경 속에서 새로운 사람들을 만나며 잊고 있었던 감정들이 되살아났습니다.
바람의 속삭임 파도의 노래 노을의 아름다움 속에서 시는 다시 제게로 돌아 왔습니다.
이 시집에서는 여행지에서 느꼈던 감정들과 삶에 대한 성찰이 담겨있습니다. 낯선 풍경 속에서 마주한 고독 그리움 사랑 그리고 희망 이 모든 감정들이 시속에 녹아있습니다. 미약하나마 진심을 담아 쓴 시들입니다.
이 시집을 통해 독자분들과 함께 감정을 나누고 싶습니다. 바람의 노래를 따라 함께 여행을 떠나온 기분으로 시를 읽어 주시길 바랍니다.

2025년 봄

시인 여행가 윤점효 드림

목차

소나무.	10
지중해.	11
삶이란.	12
인생 무대.	13
노산 찬가.	14
철학과 인생.	15
행 성.	16
햇 살.	17
인생 정론.	18
인문학적 인생.	19
구름과 바람.	20
여정.	21
실크로드.	22
역지사지.	23
관점.	24
별 그리고 어둠.	25
그저 받은 하루.	27
지혜로운 깨우침.	29
관념과 현실.	31
겨울 사랑.	32

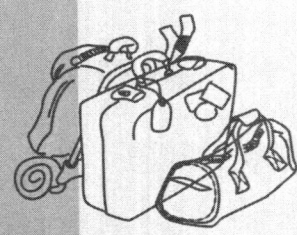

형체 없는 바람.	33
코스타리카.	34
추억.	35
시인의 넋두리.	37
천문산.	39
나만의 천국.	40
인연(1).	41
향수.	43
구름과 바람.	44
자아를 찾아서.	45
포지타노 여행.	46
어둠.	47
인생이란.	48
삶의 무게.	49
젊은 날의 초상.	51
소중한 추억.	52
고귀한 삶.	53
하얀 집.	54
잊힌 추억.	55
존재의 가치.	57

바자르 시장.	58
초로인생.	59
미지의 세계.	60
카리브해 작은 섬.	61
첫사랑.	62
인생이란.	63
슬픈 연가.	65
까만 눈동자.	66
글과 칼.	67
하늬바람.	69
푸른 꿈을 품은 섬.	70
낙원의 노래.	71
이 좋은 날.	72
인생길.	73
소생.	74
의미 부여.	75
새순과 꽃.	77
지중해의 보석 아말피.	79
사랑의 아픔.	81
그리움.	82

그린란드.	83
내 동무.	84
인문학과 상실.	85
삶이란.	86
쿠바 여행.	87
해 질 녘.	88
안다는 것.	89
세인트루이스.	90
슬픈 바하마.	91
여름과 태양.	92
플로리다 여행.	93
나그네의 노래.	94
고독.	95
삶의 인문학.	96
엔티가 바부다.	97
카야 코코 쿠바.	98
하바나의 밤바다.	99
정열의 쿠바.	100
그리움의 그림자.	101
아름다운 꿈.	102

그대 봄을 아는가.	103
그 시절.	104
나의 기준.	105
연인.	106
지중해의 방황.	107
이스탄불.	108
세상을 누비다.	109
상념.	110
그랜드캐니언 정상에서.	111
회고.	112
아프리카.	113
하루의 추억.	114
순간의 정석.	115
몰타 공화국.	116
타히티 섬.	117
볼리비아 여행.	118
가슴 시린 날.	119
인생무상.	120
캄차카 여행.	121
말라위 여행.	122

무한의 정원.	123
설렘.	124
봄 마중.	125
인연(2).	127
몽골 여행.	129
새해 편지.	130
몰디브 밤바다.	131
애락.	132
인도양 연서.	133
붉은 협곡.	134
인도의 아침.	135
여행 이란.	136
세느강의 철흔.	137
낙원의 숨결.	138
눈 내리는 밤.	139
새로운 시작.	141
얼음과 불의 노래.	143
비 오는 날.	145
어머니의 흔적.	147
빗방울 수채화.	148

자유로운 영혼.여행

소나무.

높은 산 외로운 산골짜기에
한 그루 소나무가 서있다

나무는 나이에 늙었고
나무 밑동엔 오랜 이끼가
더덕더덕 붙어있다

세월의 뒤안길에 서성이며
설움과 고뇌로 힘들었던
가지는 바람에
조용히 흔들리고 있다

지중해.

머나먼 길을 휘돌아 에게해를 거쳐
아름다운 지중해를 안았다
설렘과 호기심이 심장을 뛰게 하여
몸과 영혼을 이곳에 풀었다
이탈리아 남부 지중해의 보석으로
불리는 아갈피로 가는 여정에
또 다른 세상을 기억의 샘에 가두어
필요할 때 목을 축이리라
아~ 얼마나 아름다운가 라임 향기
진한 모히조를 마시면
끝없이 펼쳐진 수평선 위엔 갈매기 춤춘다
연인들의 속삭임이 후각을 깨우니
시원한 레몬 샤벳을 시켰다

삶이란.

덧없이 인생은 흘러간다
지나고 나면 그리운 것뿐이다
영혼에서 피어나는 꽃처럼
고마움이 가는 길에 힘이 되고
과거 더 이상 존재하지 않는다
미래는 아직 오지 않았기에
우리는 지구촌에 여행을
왔지만 소풍이 끝나면 떠나야 한다
여행은 마음 맞는 사람과
해야 하고 돌아갈 집이 있어야 한다
이 세상 모든 것은 잠시 있을 동안
빌려 쓰는 것이다
주어진 삶이 다할 때까지
나는 영혼을 담보했다

인생 무대.

세상이 무대라면 인간은
무대 위 배우다
각자의 역할 맡은 연기자이다
희로애락은 빛나는
순간이 있지만
절망의 그림자가 밀려와
아픔도 있다
사랑과 이별도 사랑 노래 부르며
만나서 이별의 눈물도
슬픈 작별도 한다
삶의 여정도 웃음과 슬픔이
뒤섞여 힘들 때 희망을 향해
나아가는 지혜도 있다
영혼의 향연도 인생이라는
연극이 끝나면 훗날
희로애락을 찬미할 것이다

노산 찬가.

푸른 물결 가른 두 팔 벌린
넓은 바다 천년 묵은 송백 울창하니
양지 빛 내리는 주변 경치 아름다워라
선인들이 찾는 도교 성지 노산
태극 팔괘 바라보니
기암괴석들마다
신비로운 힘 넘치는구나
해돋이 구름 물들어
붉게 타오르고 해넘이 노을
하늘을 물들이니
인생의 무한한 가능성을 되새기네
노산 올라 산하를 굽어보니
세상만사 눈에 담아 고요한 마음
자연과 하나 되어 노래하네
천지 명산 수려한 노산
내 너를 눈에 담고 가노라

철학과 인생.

훈혼 물든 하늘 지평선 펼쳐있고
끝없이 이어진 듯
인생길 멀구나
걸어가는 발자국에 생각은 깊어진다
푸른 하늘 높이 나는 새처럼
하지만 현실은 가혹하고 힘들었다
자유롭고 당당했던 어린 시절
꽃처럼 피어나고 잎처럼
떨어지는 삶
그 의미를 찾아 끝없는 방랑
어둠 속에서
자아를 찾아 걷노라면
세상도 변하고 나도 변한다
밝은 미래를 향해 걸어 갈 것이면
철학과 인생을 여기에 적는다

행 성.

생명의 기적을 담아서
펼쳐진 세상
푸른빛을 머금고 태어난 집
뜨거운 에너지로 나를 비추는 존재
불꽃 품으며 타오르는 붉은 거인
황량한 풍경으로 둘러싸인 외로운 곳
침묵 속에서 숨 쉬는 또 다른 생명
거대한 기체로만 채워진 행성
끊임없는 신비를 자아낸다
모든 행성들은 서로 연결되어 있고
나를 위해 존재한다고 믿는다
그 거대한 우주의 일부인 나의 존재
무한한 가능성을 보여주는 행성
우주에 존재하는
모든 생명체에게 건전한
우주를 물려주고 싶다

햇 살.

은빛 안개 걷히고 푸른 하늘 펼쳐져
햇살 한줄기 내려앉네
푸른 나뭇잎 사이로 스며드는
빛 줄기 눈 부신 햇살 속에
눈물이 고이고 꽃향기
어우러진 따스한 그 바람
나뭇가지 살랑이는 율동에
어제까지의 슬픔과 고뇌 녹아내리고
새로운 희망 햇살 가득 피어나네
햇살 아래 펼쳐진 세상은 순수하고
감동이 가득 차
영혼까지 씻어내는 이 환희의 순간
눈물은 멈추고 웃음 짓는다

인생 정론.

나만의
고독은 존재론적인 외로움
나의 삶은 어떤 의미일까
내 영혼의 깊이는 알 수가 없다
그러나
사랑을 갈망하는 존재이다
나로서 선택하는 모든 결정
그것이 나의 미래를 결정할 것이다
나는 나의 운명을 아직 알 수는 없지만
나는 내 삶의 주인공이다
고로 내 가는 곳
어디든
여행자로서 유유자적하리라

인문학적 인생.

나뭇잎 사이로 비추는 햇살처럼
영혼에 스며든 지적 호기심
고대 철학자들의 발자취를 따라
진리와 사랑을 향하여
나아가는 우리는
인문학적 인생이다
책 속의 세상을 헤엄치며
문화와 사상을 만나
인간 본능의 통찰력을
터득하는 것이다
예술은 아름다움에 더 감동하며
영혼을 더 풍부하게 한다
인생은 끊임없는 배움과
그리고
세상과 소통하는 것이다

구름과 바람.

구름은 산허리로 내려와
바다를 이루고
산은 구름바다 위 떠 있는
섬이 되어
산허리를 휘감고
바람이 타고 온다
나에겐 이름. 모를 산이여
발길 닿지 않아
태곳적 고고한 느낌인데
노을 진 구름
일몰이 설렁 걸어간다
구름바다 위
서서히 산이 사라지고
나는 여기 있다
운무가 춤추고 바람이
나를 스친다

여정.

길어진 여정이 담을게 많음인가?
떠나온 열정이 함께 묻어간다
에게허의 신선함에 매료되어서
마음 가는 데르
감정에 몸을 맡긴다
아름다운 풍경에 해맑은 얼굴들
하얀 행복의 짙은 연인들 모습
장미틀 연상케 하는 미소가 되고
보이는 사람들이 천사 같구나
더불어 나의 감성이 회복되어
처얼썩 파도 모래톱을 얼싸안는다
지난밤 잠결 귓가에 간지럽던
물결 소리는
어머님의 정겨운 자장가였구나
아련히 떠오르는
어머님의 인자한 그 모습
많이 그리워진다

실크로드.

익숙했던 영역을 벗어나
접하지 못한
낯선 문물에 흠뻑 빠진다
기억을 되돌려
다시 찾은 먼 길 실크로드
이곳에 나를 맡기고
낯선 얼굴 친절한 타인들
상냥한 미소가
힐링의 원천되어 난 방랑자로
길 위에 나선다
때로는 혼돈에 휩싸여 아파
슬퍼하기도 했다
세상 이치를 깨우치려 먼 길
실크로드 티베트로
나는 이끌려왔다
어깨 위로 달빛이 내린다

역지사지.

내가 내 속에 있어
세상을 내 잣대로 보았구나
세월이 가면
사람도 변한다
조금은 천천히 가자
상대를 배려함은 나를 배려함이다
다가가기 편한 내가 되리라
조금만 상대를 생각한다면 다툴 리도
없겠지만 반성이라는 각오를 다진다
혼돈의 시간은
역지사지에 덧칠하자
넉넉함으로 누구에게나 편한
사람이 되고 진솔함으로
마음의 문을 열어두자
풀잎의 이슬 같은 초로인생이지만
그러나 존재의 가치를 감사하리

관점.

산 밑에서 위로 보는 것을
중턱에서 보라
너무나
또 다른 모습을 볼 것이다
이렇게
보는 것과 저렇게 바라볼 때
이런 삶과 저런 삶
인생도
마찬가지 느끼는 사람과
못 느끼는 사람
그리고 선함으로 바뀐 마음
나의 관점에서
진정한 자유란 무엇인가?
생각 사로
두 눈을 지그시 감는다

별 그리고 어둠.

어두운 밤하늘
수많은 별들은 반짝이는 보석
경이로움이 북극성처럼 갈 길을 비춰주네
그름이 달을 업고 산 너머로 사라지니
어둠을 뚫고 피어나는 여명은
붉은 노을빛 내 눈물이
희망의 아침 햇살로 변화되어
저 광활한 미래의 세계로 나를 이끈다
스며드는 바람은
홀로 남겨진 밤의 노래
별들의 눈물
세상을 비추는 것은 사랑이다
이면의 차원에
펼쳐진 무한한 가능성이라면
선택은 가능성을 품는 것이다

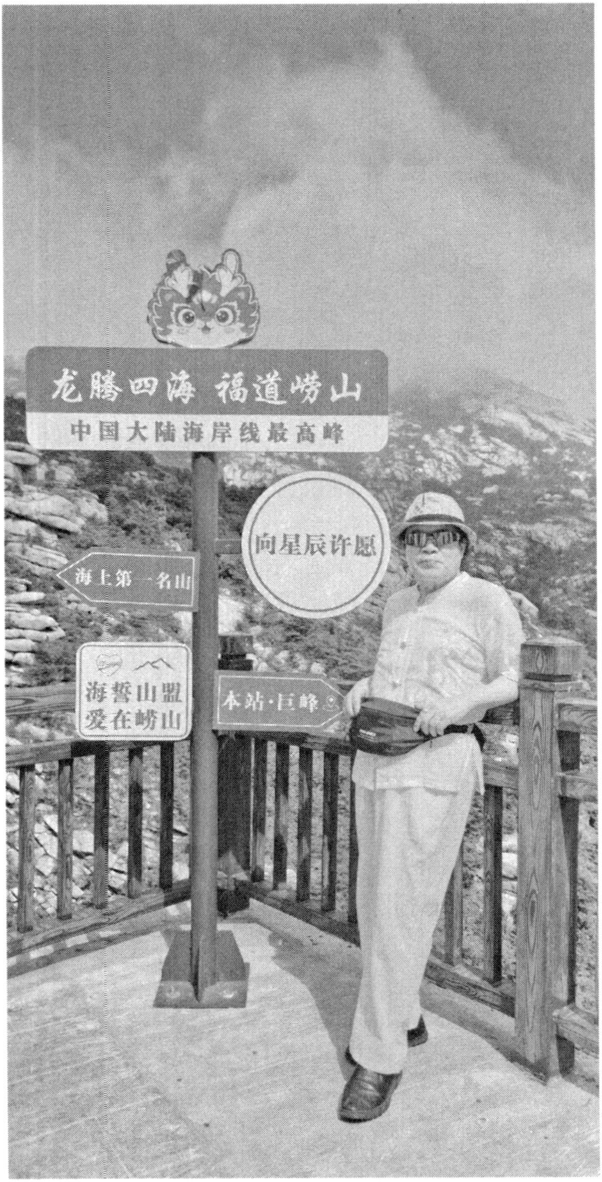
龙腾四海 福道崂山
中国大陆海岸线最高峰
向星辰许愿
海上第一名山
海誓山盟
爱在崂山
本站·巨峰

그저 받은 하루.

찬 서리 대서운
그 바람 스칠 때
더없이 간절한 그리움
햇살이 고운
오솔길에 머물고 싶다
돌아서면 사라지는 낯선 바람
대가 없이
우리는 하루를 선물 받았고
마음 허전하여 지쳐있을 때
먼 문득 스치고 지나가는 기억들
서로가 위안이 되는
그대 있다면
길목에서 기다려 볼까?
부러울 게 없다면 세상은 편한데
끝없는 인생사 사무치는 그리움
너 삶의
최종 목적지는 어디일까?

자유로운 영혼.여행

지혜로운 깨우침.

시련은
늘 인생과 같이 사는 것이다
행동은 백 마디 말보다 가치가 있다
인생이 무어냐고 묻지를 마라
세월 가면 또 다른
대답을 주니 알 수가 없다
만물이 있음은
없음으로부터 비롯된다
적게 가지는 것은 소유지만
많이 가지는 것은
혼란이 되는 것이다
지난 일들은 후회하지 말라
증오는 나 자신을 비열하게 만들고
인격을 타락의 수렁에 빠뜨린다
미지는 미래의 영역이다
내일 일은
우리가 알 수 없는 것이다

관념과 현실.

별이 빛나는 밤에 유성이 지면
그대는 그 어떤 생각을 하는가?
태양을 바라보는
당신은 그림자를
볼 수 없을 것이다
사랑하는 사람들이
내일 그대 곁에
있을지는 아무도 모른다
풀잎 위 이슬도 무거우면 내린다
관념이 현실을 누를 수 없듯이
역사보다 신화가 더 많은 의미를
가지고 있음을 우리는 알고 있다
사는 데로 생각하게 하지는 말라
생각대로 살아야 한다
지나침보다 미치지 못함이 정말
나을 때가 있음을 그대는 아는가?

겨울 사랑.

산골짜기
너머로 떠도는 구름처럼
나는 나의 길을 가고 있다
외로운 나날들 그리움으로 변하면
추운 길목에서
쓸쓸함 여미리라
그 시절
생각에 잠기니
세월은 가고 찬바람이
휭하니 대지를 스친다
눈물 닦아주던 서글픈 연민으로
그 마음 훔칠 수
있다면 나 그리하리라

형체 없는 바람.

깊은 밤
소쩍새 울어 울어 잠 못 드는 밤
달빛은 교교히 산하를 비추는데
나는 이유 없는 설움에 눈물이 맺힌다
세월은 빠르지 않다
내가 느낄 뿐이다
형체 없는 바람은 간간이
창문 너머로 나를 불러
옛이야기 들려주네
사랑이 꽃 피던 아름다운 시절
세상이 한없이 넓은 줄 몰랐다
젊음이 춤추고
열정 넘치던 그 날들이 돌아보니
아름다운 나의 역사였다

코스타리카.

푸른 바다
정글 속 숨 쉬는 생명
순수한 사람들의 정겨움
짧은 만남에
아쉬운 미련이 남아
가슴 한편
시린 바람이 분다
해맑고 투명한 하늘 아래 펼쳐진
꿈결 같은 풍경
자연 속에 뛰노는 수많은
동물들의 겁 없이 친근한 모습들
코스타리카의 향기 가득한
이 기억들을 가슴에 담았다
다시 찾을 그 날을 꿈꾸며
영원히 간직하리

추억.

반짝이는 찬 서리가
낙엽에 얹어있다
길섶엔 야생화가 고개를 숙였네
뒤돌아보니
긴 세월 많이도 지났구나
어제는 나에게는
지난 추억이었다
한 구절 슬픈 시에
글썽이는 눈물은
나의 외로움의 조각들이여
적막한 저 들판에
찬 서리 내리면
고요한 달빛은
나를 울리는구나!
적막한 이 밤
창 너머 낙엽이 진다
바람 스치는 창가에
달빛 걸려있고
서리맞은 낙엽이
애처롭게 걸려있다

자유로운 영혼.여행

시인의 넋두리.

만물이
소생하는 봄날엔
일렁이는
보리밭을 노래했고
아름다운
청춘을 마음껏 노래했다
아지랑이 춤출 때
시인은
세상을 질타했다
나 여기 왔노라
세상을 누비다 풀잎이 시들어
그는
감정을 주체할 수가 없어서
스스로 요절했단다
폭풍이 휘몰아치는
광야에서도 소리쳤지만
아무도 듣는 이 없어
그는 떠났다
넋두리만 남긴 채

자유로운 영혼,여행

천문산.

구름바다 위 천문산
운무가 춤추고
세상이 천문을 쳐다보니
이름하여 천국으로 가는
하늘 문이라
산 아래 사람들은 말한다
산하를 굽어보니
인생사 이리하면 어떻고
저리하면 어떠리
그냥 살면 되는 것을
해무 아래 세상은 우주 속에
도래알 한 치 앞도
모르는 초로인생
그냥 무심코 지나가는 과객처럼
그냥 살면 되는 것을

나만의 천국.

나는 나만의 이야기가 있소
구름이 그늘을 만들어
머리 위를 지날 때
나는 자작나무 숲을 배회하였소
사슴 한 마리 내게로 와
눈인사하더이다
나는 다가가 머리를 쓰다듬었지요
새들은 노래했고
나의 심장은
터질 듯 요동을 쳤소
작은 나뭇가지는 춤을 추고
나의 몸은 깃털이 되어
숲속을 날았지요
인적 없는 산속은
나만의 천국 그 자체였다오

인연 (1).

바람에 스치는 별빛이
교교히 비추는 달빛 위에
살며시 부끄럽다
숨었다 몽환적인 의식은
나의 내면에서 춤추고
생각사로 내 마음은
떠도는 조각배다
보고 싶다는 그 말
그리움보다 애절함이 있을까?
가장 아름다운
세상의 말 중에 사랑해라는
말보다 더 큰 언어가 있을까?
옷깃만 스쳐도 인연임을 아는가?
그루터기 걸터앉아 과객을 바라보니
인연이 아닌 듯 눈길마저 비켜가네

자유로운 영혼.여행

향수.

고향이라는
소리만 들어도 향수에 젖어
가슴 설렌다
고향은 동심을 끄집어내는
일기장 고향 산천이 가까워지면
대자연에 젖어든다
철없던 시절 내 친구
지금은 간곳없고
친구의 빈집엔
빛바랜 잡초만이 무성하다
마루에 걸터앉아
빗소리 들으며 깔깔 웃던
추억만이 그리움으로 남았구나
아버지의 헛기침 소리가 그립고
어머님의 밥 짓던
모습이 사무치게 그립다

구름과 바람.

구름은
산허리로 내려와
바다를 이루고
산은 바다에 떠 있는
섬이 되어 산허리를 휘감고
바람이 타고 온다
발길 닿지 않아
태곳적 고고한 모습인데
노을 진 구름
일몰이 설렁 걸어간다
구름바다 위
서서히 산이 사라지고
나는 여기 있다
바람은 얼굴을 스친다

자아를 찾아서.

거대한 우주의 행성 중 하나
지구를 밟고서
이 먼 곳 돌고 돌아 노르웨이
피오르 안착
더없이 아름다운 이곳에서
여정을 풀다
세상에서 채울 수 있을 나만의
그 무엇을 찾아서
세상 모든 삶은 내 생각의 굴레
그리움도 삶의 한편으로
치우쳐서 모른 체 할손가
한 움큼 사랑 채우고서 나는
자아를 찾아
먼 길을 또 떠날 것이다

포지타노 여행.

지중해 밤하늘
가득 수 놓인 별빛 아래
손에 쥔 와인 잔에
별들이 숨진다
쪽빛 바다 갈매기 춤추는
창가에 앉아 세상사
시름 모두 잊고
파도 소리에 귀 기울이며
내 안의 깊숙한 곳을 들여다본다
고대 문명이 살아 숨 쉬는 이곳
나는 작은 존재임을 알았다
언젠가 이곳을 다시 찾아오리라

어둠.

어두운 밤
늘어선 가로등 불 너머로
대숲 스산한 바람이 불어대니
깊은 밤 쓸쓸함이 마음을 파고든다
이 세상에 영원한 것은 없다
인생도 잠시 쉬어갈 나그네일 뿐
간간이 들리는 풀벌레 소리에
잠 못 들고 뒤척이는데
그리운 시절 떠올리며
이 밤 한숨을 쉰다
잎새 바람은 가지 끝에 울고
호젓한 밤길
그 무엇이 그리 간절할까?
눈물에 떠 있는
조각배처럼 행여 그 눈동자
기억에서 지워질까?

인생이란.

인생이란
깨닫지 않고는 느낄 수 없다
천하보다 소중한 건 나지만
나보다는 우리가 좋다
지혜는 나에게 깨달음을 주고
깨달음은 성숙을 주는 것
지식이 겸손을 모른다면
무식만 못하다
그런데도 불구하고란 말은
모든 것을 해냈다는 말
가끔씩 무너질 때도 있지만
모든 것은 다 지나간다
서쪽 하늘 달은 기우는데
생각사로 나는 진정
이 밤을 잃었다

삶의 무게.

눈을 뜨니 내가 있다
태양의 눈인사 창문을 넘어온다
아름다운 아침 영롱한 이슬이
풀잎에 숨 쉴 때
나는 숨 쉬고 있다
잊을 수 없는 보고 싶은 사람이
나의 인생 일기에서 손짓한다
누구든 자기만의 삶의 무게가 있다
내가 나를 평가할 수 없듯이
좋은 날에 함께한 사람도 변한다
언젠가는 떠날 것이다
잠시 스쳐 간 사람을
인연이 아니라고 할 것인가?
큰 고통이 있어야
즐거움도 있듯이 내 인생의
스승은 경험이 아닐까?

자유로운 영혼.여행

젊은 날의 초상.

가슴 아리게 했던
젊은 날의 초상 주마등처럼 스칠 때
그저 와준 오늘을 어제로 보내며
조바심에 마음 태우던 연애 시절도
아름다운 우리의 설렘 아니던가
창가에 맴도는 그리움에
눈가에 맺힌 이슬 가슴 적신다
거울 속 너 모습 세월이 훔쳐갔다
어느 날 문득 생각나는 사람이면
애증과 고귀함의 증표이다
먼 훗날 세월이 흐르면
지금의 고단함이 추억의
텃밭이었음을 알게 될 것이다
내 곁에 영원히 머물러 준다면
길 위의 긴 그림자는 나그네이다

소중한 추억.

세상을 살다 보면
저 노을이 지는 것을
그저 바라보고
서 있을 때가 있지요
머물 수 없어
떠나야 했던 기나긴 여로
새벽이 밝아오면
네온 불빛 사라지는 허전함에
무작정 거리를 배회할 때가 있지요
그대 곁에 새처럼
날기를 원하는 것은 아련한
추억 때문이지요
세월은 가는데 들판의 꽃들은
오늘도 외로이
바람에 흔들리고 있네요
저 노을 질 때까지

고귀한 삶.

이 세상 태어나 선하게 살았다면
그 얼굴 늙음에서 알 수 있다
많은 비가 내리지만
그치지 않는 비는 없다
슬픔도 그리 오래가지는 않는다
천하보다 고귀한 것은
바로 나인 것이다
시간은 젊음과 시간을 데려간다
내가 택한 시간은 나의 시간이며
주어진 시간들이 헛되지 않았다면
그럼 된 것 아닌가
모든 것이 나의 시간이 될 수는 없지만
순간을 택했다면 나의 시간이다
긍정적인 사고로 진정 인지할 수 있다면
고귀한 삶이 아닐 수 없다

하얀 집.

눈 부신 햇살 아래
펼쳐진 아름다운 섬 산토리니
에메랄드빛 바다를 향해
앉아있는 하얀 집들
절벽 위에서 피는 부겐빌레아
그 아름다움에
마음 빼앗기고 사랑하는 이와
손잡고 걷는 모습들
낭만 가득한 골목길 따라
석양에 노을 진
바다를 바라다보며
소중한 추억 만들어
밤하늘 수놓은 별빛 아래서
영원한 사랑을 손잡고 맹세하네

잊힌 추억.

잊힌 추억
가끔씩 떠올리며 떨쳐보려고
무던히도 힘든데
인연이 저버리네요
지난 그 시절
추억들이 꿈속에서 맴돌고
아름다움을 다 모아놓은 듯
너의 미소는 나를 설레게 했다
간직한 우리들의 사랑 이야기
함께 걸었던 그 길 이제는
그 어떤 어둠도 두렵지 않아
밤하늘 별들은 소망을 담고
깊은 바다는 그리움을 안고 있지만
예쁜 꽃들이 가지를 채우던 그 여름
이젠 이별을 고 하려 하네요

~이탈리아 카프리 여행 중에~

자유로운 영혼.여행

존재의 가치.

내가 없으면
너와 나의 인생도 없는 것이다
광활한 우주
또한, 존재할 수가 없다
세상에 터어나
바람이 되어 한세상 풍미하며
인간사를 논하고
내가 세상의 잣대를 만들기도
이 모든 것은
우주의 섭리로 만들어지는 것
삶이 궁허지면
정신이 피폐해지듯 사고하고
단단할 수가 없다
강한 바람은
부수기도 하지만 소슬바람은
젖은 것을 말린다
내가 있어 역사가 있다
내가 없는 세상은
존재의 가치가 없는 것
터부시 말고
정중하게 나를 대해야 한다
내가 우주이고 세상이다

바자르 시장.

실크로드 종착지
그랜드 바자르 전통시장
이스탄불 수많은 사람들의
땀과 애환 서린
긴 역사 앞에서 숙연해진다
수천리 길 걸어서 무역을 행하던
그때의 행렬이 눈앞에 선하다
뒤돌아보니 흘러버린 세월이구나
그 세월의 선상에서 변화 없듯이
오늘도 서성이며 한세상을 훔친다
그늘이 시원하면 태양은 뜨겁다
세상의 더 많은 것을
눈에 담으리라

초로인생.

풀잎에
이슬 같은 초로인생
창가에 날아온
가녀린 작은 새
저 바람에
임이 오시나 했더니
님은 오지 않고
구름이 내린다
청운의 꿈
넓은 세상을 향하여
바람같이
광풍 노도 하렸더니
세월은 흘러
꿈은 약하 지고 용기는
저만치 멀어져가네

미지의 세계.

우주의 한 공간
미지의 행성 사이 떠돌다
은하계를 타고
소우주 어머니 뱃속에서
내가 태어났다
지구를 돌고 돌아 세상의
길 위에서다
혼돈에 휩싸여 고뇌하고
생각의 차이로
그렇게 많은 고민과 번뇌
젊은 날의 기억들
다시 긴 여정 길 위에 나선다
눈이 이끄는 곳
미지의 세계는 나를 부르고
나는 또다시 방랑자 되어
그곳으로 떠난다
사랑과 연민이
교차하는 아름다운 그곳으로
나의 그림자를 남기려

카리브해 작은 섬.

하얗게 부서지는 파도
하얀 포말이 심신을 달래준다
별빛이 어루만져
여독을 말끔히 씻어내렸다
하얀 모러톱은 우윳빛 그 자체다
콜럼버스가 발견한
마야인들의 터전이었던 이곳
아름다운 이곳은 이슬라
무레 헤스 섬 태양은 그림자를 만들고
신선한 바람 나를 설레게 한다
손잡고 거니는
해변의 연인들 정겨운 모습
아름다운 날들이여
내 어찌 이곳을 사랑 않으리

~카리브해 여행 중에~

첫사랑.

후드득 갑자기
거센 소나기가. 내린다
흙냄새가 코끝을 스치면
못다 버린 미련 때문에
이 가슴 시리도록 아프다
어느새 살아온 날들보다 살아갈
날의 현실 앞에
젊은 날의 기억들 들리는 빗소리
천하 모두가 내 것인 양
부러울 것 없던
그날 젊은 날의 초상이여
첫사랑의 추억이
잔잔한 추억으로 다가와
그리움이 마음을 적신다
경험하지 못하면
지혜가 따르지 못하듯이
그 빈자리엔
그리움만 쌓여만 가네

인생이란.

가혹한 굴레
누군가 사랑이 햇빛이라 하였고
마음은 그늘이라 했다
인생은 행복만으로 살아갈 수 없다
현자들은 사라지는 인생을 안다
사랑하는 사람이
너일은 그대 곁에 없을지도
어떻게 알겠는가
당신이 생각대로 살면 된다
사는 데로 생각하지 말자
디치지 못하면 지나침보다 나은 것
용기는 절망을 넉넉히 이길 수 있고
슬픔이 있어야 기쁨을 알 수가 있다
완벽주의자 보다
경험자가 되는 것이 낫다
인간의 품격은
든으로는 전혀 살 수가 없다

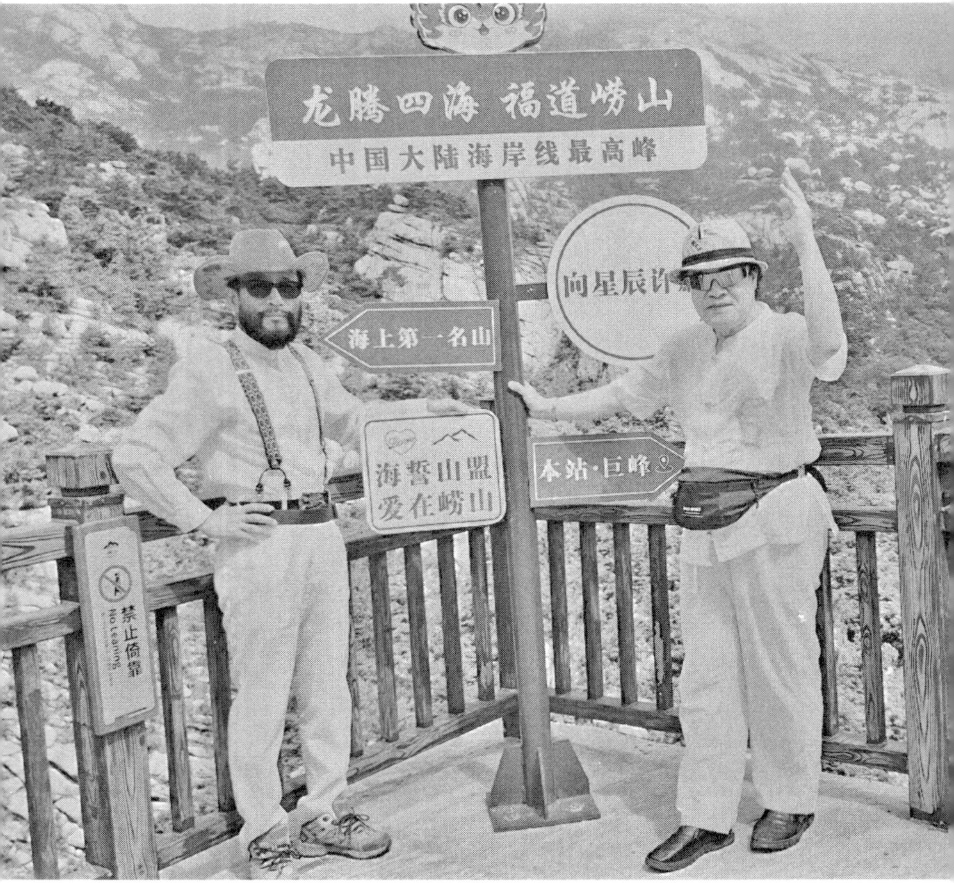
龙腾四海 福道崂山
中国大陆海岸线最高峰
海上第一名山
向星辰许
海誓山盟
爱在崂山
本站·巨峰
禁止倚靠
No Leaning

슬픈 연가.

훠영청 달 밝은 밤
산마루 넘어 그대가 보고파
구슬픈 이 밤
나는 여기 머물 수가 없는데
그대는 정령 떠나지 말라 하네요
내 사랑 그대에게
이별을 고할 데가
가장 슬픈 일입니다
추억은 접어두고 먼 길을 가렵니다
사랑의 크기만큼 많이 아프겠지요
내가 죽어도
잊을 수는 없을 겁니다
길을 가다가
우연히 나를 보더라도 그냥
스쳐 지나가세요
몸은 늙어가겠지만 사랑과
감정은 영원히 간직하여
외로운 거리에서
나 홀로 서성이렵니다

까만 눈동자.

귀밑머리 아름다운
그 자태 용기 없어 못 보았다
까만 눈동자는
더 깊은 호수인 양 빠져들던
수줍던 그 날
심장 터질 듯 눈앞 어지러워
이 몸 가눌 수 없었다
세월이 식히고 난 뒤
찬 바람 불어
덧없이 무심한
유수 같은 세월 강물처럼 흐르고
찬바람 소맷귀 여미게 하니
강가에 물안개
기억에 남아있는 그 시절엔
천국을 보았다
돌아보니 모두 추억이었다

글과 칼.

글도 강약이 있다
강함과 부드러움 갈고닦은
글이 칼이 되기도 한다는 사실
바람 부는 횡한 들판에 필살기
품은 검객이 서있다
어지러운 현실 앞에 이치를
깨우치려 세상을 휘도는 과객으로
그렇된 거짓말이 판치는 현실이
너무도 고통스러워
과객은 정의를 위한 위급한 순간
글로 된 칼을 내려치리라
그러나
현자들이 존재하는 한은
지구는 돌 것이다

자유로운 영혼,여행

하늬바람.

하늬바람
은 누리 둘잎 잎 맞춤에
배시시 얼굴 붉힌 꽃잎 춤춘다
태양의 힘 빌려
새순 움 틔우니
여린 새잎 연푸른빛을 받아
삼라만상 꽃향기로 설렘 만들어
으호라 봄날에 님 마중 가잔다
한적한 오솔길
슬바람 우는소리에
높이 나는 종달새 지저귀는구나!
아지랑이 뒤질세라
온몸 흔들며 들과 산천
봄 처녀 나물 캐러 나올까?
아랫마을
총각은 가슴만 태운다.

푸른 꿈을 품은 섬.

에메랄드빛 바다
하늘과 맞닿은 곳 떠가는 구름
그림자에 잠긴 섬
퀴라소 꿈결 같은 너의 모습에
내 마음 빼앗겼다
해변의 부 더러운 모래톱에
발걸음 너를 느껴
산들바람 내 마음 간지럽히고
형형색색 산호초와 열대어들이
만든 아름다운 바닷속 정원
이곳에서 너는 나에게
천국을 선물했다
은하수 밤하늘 가로 누비는
아름다운 섬나라 또다시
너를 찾아올 그 날을 꿈꾼다

낙원의 노래.

카리브해 바람이 속삭이는
바하마 꿈결 같은 섬
코코넛 나무 사잇길 걷다 보면
따스한 햇살이 내려앉고
파도 소리에 내 마음 편안해진다
저녁노을 물든 하늘 아래
해변에서 펼쳐진 낭만적인 만찬
별이 총총한 밤하늘 아래
도래사장에 누워 은하수에
소원을 빈다
바하마 영원히 기억될 나의
안식처 이곳에서 만난 모든 것을
내 마음 깊은 곳에 새기면서 나는
자유를 노래한다

이 좋은 날.

산천에 꽃 피고
가지엔 유록의 푸른 잎
수줍게 춤을 추고
이렇게 좋은 날 저 산 넘어
오솔길에 님의 향기인가?
꽃바람 불어오네!
뻐꾸기 노래 불러
종달새도 화답하니
오호라 연서라도 띄워볼까
길가에 홀로 핀
야생화는 봄바람에 부끄러워
얼굴 붉히고 이 좋은
봄날에 그리운 님 오시려나
오매불망 오솔길 바라본다

인생길.

인생길 한 번도 가본 적 없는
너가 가야 하는 처음 길이다
호기심과 희망을 꿈꾸던
어릴 적 그 시절은 가고
너가 가는 길은 처음이다
외로움 시릴 때도 있었다
그리움 아리도록 아플 때도 있다
뒷모습에 새겨지는 긴 그림자
무겁게 느껴지는 허무함
이제 낯선 이에게
넉넉한 고운 미소 띄우며
사소한 일상 속에 아름다운
말 한마디 나누는 정겨움
인간사의 담을 허물 수도 있다
저녁노을 물들면 그 길에
영혼을 심는다

소생.

겨우내 죽은 듯
움츠리다 마른 가지에
소생하는 유록의 어린잎 기적이다
삼라만상 온 산천에
생명을 움 틔워
역동적인 봄의 향연을 즐긴다
맞잡은 손 왈츠를 불러
감동을 가슴에 담았다
하늘은 푸르고 소슬바람
불어오면 이 봄도 간다
아름다운 거리와 해변엔
봄의 정령이 손짓한다
그간의 잊힌 생각사로
기억의 저편을 불렀다

의미 부여.

비껴갈 수 없는
인생에 의미 부여 과찬이다
그름에 달 가듯이
길가에 핀 야생화처럼
세속에 치여
상처받은 영혼 날려버리고
허허실실 웃을 수 있는 일상
큰 의미 부여는 하지 말자
얼마나 내가 남보다 잘나고 싶다는
그 생각만으로 피곤한 삶을
살아야 하는지 한낱 헛됨이요
으리 인생은 길에 핀 한 송이
들꽃인 것을
그냥 사는 겁니다
입가에 미소가 떠나지 않게

자유로운 영혼.여행

새순과 꽃.

해맑은 아침 태양이
하루를 깨우고 얼굴을 붉힌다
소슬바람은 길가는
여인의 긴 머리 가르마를 타고
양지바른 길가에
함초롬히 야생화 얼굴 내민다
사철나무 새순을
보았는가 배시시 웃고 있다
봄날의 순수함을
온 누리에 물들이고
살며시 당신의
마음속에 사랑을 물들이고 싶다

지중해의 보석 아말피.

지중해의 황홀한
은하수 바라보다 피곤을
친구 삼아 잠이 든다
실바람 불어
태양이 어둠을 헤치고 아말피
해안선을 비춘다
열정 없이는 여행의 즐거움도
그리고 설렘도 없다
누가 자신에게만 맞는 삶을
살 수가 있을까?
헛된 망상일 수도 있는 것이다
세상의 끝이 있으니
욕망의 한계가 있을 것이다
별들이 사라진
아말피 바닷가에서
아름다운 아침을 맞는다

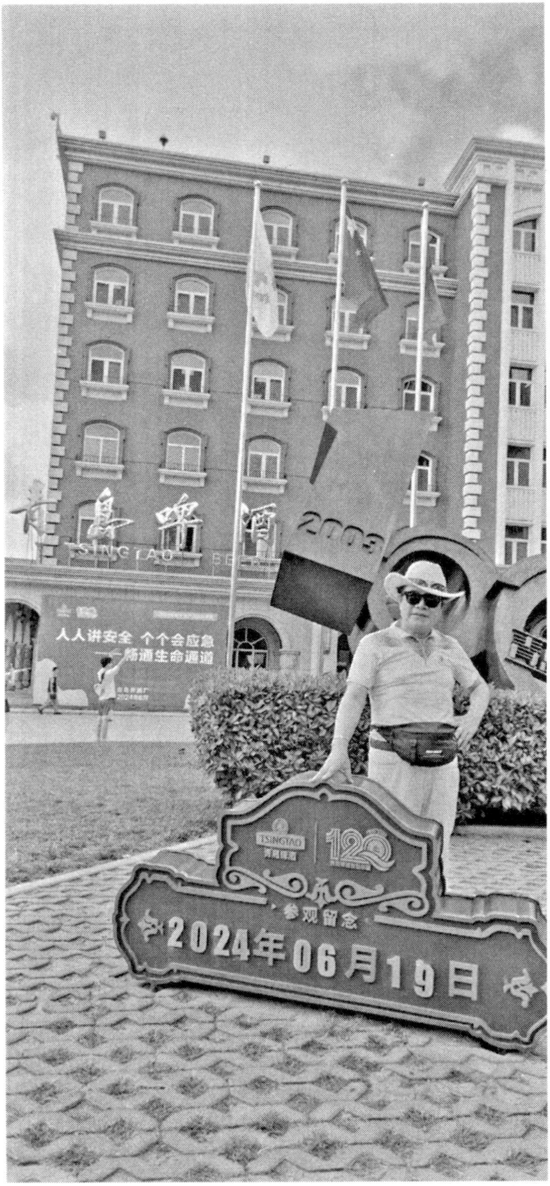
TSINGTAO
2003
人人讲安全 个个会应急
畅通生命通道
参观留念
2024年06月19日

사랑의 아픔.

고요한 밤
달빛이 교교히 내리는 밤
그대 마음 훔치고 싶다
긴 외로움과
오랜 침묵이 교차할 때
깊은 상처가 남는다
떠도는 구름 너머로 별처럼
빛나는 아름다운 사랑이 있다면
나는 유성이 되어
그대에게 날아가리다
고독은 축복일 수도 있는 것이다
그리하여 물이 되어
한 몸이 된다면 꽃은 시들지만
열매를 맺는다
밤은 길지 않고 꿈은 깨어난다
그리움은 보고 싶다는 말이다

그리움.

나의 사랑이여
바람 부는 언덕에 올라
긴 머리 휘날리며 함께한
그 시절 그 추억
그윽한 그 눈길 바라보며
정답게 주고받던 아름다운
이야기들 사랑스러운 몸짓으로
말하지 않아도
고개를 끄떡일 수 있었다
살며시 손을 잡던
그 골목길 나뭇가지 사이로
그대 얼굴 사라지고 채빗하듯
버들가지 눈앞에 선한데
강물은 말없이 흐른다

그린란드.

세계에서 제일 큰
극한의 동토에서 너를 만났다
코펜하겐을
경유하여 캉가루스왁 안착
체감온도 영하 40도
혹한 속 이방인이 나를 반긴다
생선과 바다표범을 잡아 생활한다
숨 쉬는 자체가
행복한 건강을 마시는 기분
그저 감사함이 모든 걸 삼켜버렸고
나는 벅찬 마음을 담았다
오~눈부신 동토를 썰매 개를 타고
광활한 설원을 누빈다
경이로운 오로라가 밤하늘을
밝혀 그 기록을
오늘 나는 여기에 적는다

내 동무.

소설 한 봄바람
남풍이 불던 날 진달래 꽃잎
따먹던 그 날이
눈앞에 선한데 순진무구한
내 동무 지금, 이 시간
어느 하늘 아래 무엇을 할까
깔깔거리며 목젖이 보이도록
웃어대던 내 동무
뒷동산 올라 양지바른 솔밭에
앉아 이름 불러본다
솔밭 사이로 물장구치고 놀던
개여울이 보인다
세월의 뒤안길 추억을 찾아와
그리움을 구름 위에
살포시 띄워본다
아~ 푸른 꿈은 어디에

인문학과 상실.

인 문학이란
사람의 돌에 문신을
새긴다는 뜻이다
현재의 역사를 책에 기록해도
인문학이라 한다
기술자가 기술을 기록한다면
이 역시 인문학이다
사람이 책일 수도 문신은 글이
되어 기록되는 것이다
상실은 한마디로
큰 타격이라 할 수 있다
상실 감당할 수 없는
그 이상을 말하는 것이다
밤하늘 유성처럼 사라지는 별
어떻게 기록할까?

삶이란.

아름다운 하루를
생각나는 사람으로 문을 연다
덧없는 인생은
흘러가는데 지나고 나면 모두
그리운 것뿐이다
영혼에서 피어나는 꽃처럼
고마움이 힘이 되고
미래는 아직 오지 않았기에
내가 사는
이곳에서 인생을 논하지만
우리는 지구촌에
여행을 왔으나 여행이 끝나면
먼 길 떠나야 한다
삶이란 그저 그냥 사는 것이다

쿠바 여행.

공간을 가로질러 찾아온
아름다운 지구 한편
음악 눈물 미소가 함께하는
공산국가 쿠바여
신선한 곳으로 나를 데려와
행복한 미소를 보았다
거리의 악사들이 리듬을 타면
온 나라가 음악에 물드네
밝고 친절한 사람들이
꽃보다 아름답다
시간은 나와 관계된 사소한
흔적도 적으라 하고
카리브해의 은하수 별빛 아래
감성에 젖어
노을빛에 모히또를 마신다

해 질 녘.

노을이 맑은 물속에
안겨있고
가을 낙엽이 떨어지니
나무는 서럽게 옷을 벗는다
저만치 텅 빈
들녘 한편 백발노인이
먼 하늘을
힘없이 바라보고 있다
사연 없는 인생은 없을 터
바라보고 있는 나는
눈물이 핑 돈다
어둠이 내리는 들판에
나는 서성이고 있다

안다는 것.

길을 안다는 것과 그 길을
걷는 것은 분명 다르다
내가 나를 판단할 수는 없다
타인이 나를 인정한
경우는 다르다
다른 사람으로 인정을 받을 때
자기 자신에게 박수를 쳐라
우리 인생은 환경의
결과물이다- 시간의
노예는 되지 말자 본인의
단점을 성찰할 때 비로소
나의 자아를 찾을 수 있듯
고통이 있어야 즐거움도 있다
사랑은 너와 내가 하는 것이고
이별은 각자 하는 것이다

세인트루이스.

카리브해
푸른 물결 넘실대는 곳
활화산 핏츠 기번은
용암의 숨결 간직하고
수려한 피통 산은
하늘 향해 솟아있네
투명한 바닷속
헤엄치는 열대어
햇살에 빛나는 모래사장
코코넛 향기 가득한 바람이 불어와
자연의 아름다움에 흠뻑 취하네
별빛이 흐른다
푸른 바다 녹색 숲이 어우러진
천국 세인트루시아
영원히 기억될 나의 낙원

슬픈 바하마.

다양한 해양과 지정학적
억티비티 푸른 바다
츰 추는 다도여
코발트 빛 별들은 추억에 젖어
밤은 깊어 가고
서상의 모든 시름 사라지고
야자수 아래 펼쳐진 천국
하지만 슬픈 아픔이 있다
아름다움 뒤에 숨겨진 진실
기후변화르 인하여
해수면 상승으로 잠기고 있다
언젠가 사라질 섬이다
아름다운 기억만은 남긴 채

여름과 태양.

뜨겁게 타오르는 태양 아래
땀방울이 흐르는 얼굴
시원한 바람 한 줄기
그대를 사랑해
구름 한 점 없는 푸른 하늘
따뜻한 햇살 내리쬐어
나뭇잎 사이로 스치는 빛
새들의 노랫소리 메아리치니
물결치는 풀밭 위로
시원한 바람 불어오고
향기로운 꽃향기
마음을 위로해 주네
작은 연못 위
잠자리에 드는 우산초롱
물고기들이 튀어 오르고
아름다운 풍경속에 살포시 물든다

플로리다 여행.

따스한 햇살 아래
춤추는 마법의 땅 꿈과
환상이 숨 쉬는 곳
미키마우스의 웃음소리
가득한 디즈니의
화려한 밤 에버글레이즈의
자연 속에 동물들의 울음소리
상상을 펼치는 유니버설
스튜디오 스릴 만점
어드벤처 짜릿한
모험이 나를 기다린다
해변의 부드러운 모래톱에
발을 묻고 파도 소리에
귀 기울이며 아름다운 자연을
만끽하는 올랜도여
잊지 못할 꿈의 도시여

나그네의 노래

푸른 하늘 끝없는 우주
영혼은 춤추고 자아를 찾아서
자유를 노래하네!
세계의 한계를 넘어
새로운 길을 간다
산 위에서 세상을 바라보며
마음의 문을 열고
모든 것을 경험한다
대자연의 리듬을 느끼며
이 모든 세상의
아름다움을 사랑한다
영원한 자유를 갈망하고
지구촌을 여행하는 영혼은
세상을 더 넓게 바라보네

고독.

깊은 밤 어둠 속
등불 아래 문득 찾아온 고독
암흑 속에 묻혀
쓸쓸한 마음은
밤바다처럼 출렁이네
가슴 한쪽 자리 잡은 외로움은
그림자 되어 나를 잡는다
하지만 고독은
또 다른 시작일 수가 있다
자신을 돌아보고
내면을 성장시킬 기회다
혼자만의 시간 속에
진정한 나를 만나 나아갈
용기를 얻네
소음에서 벗어나 나만의
공간에서 진정한
행복을 찾아 길 위에 나선다

삶의 인문학.

무대 위 등장한 배우
경직된 그 얼굴 태어남이라는
첫 막이 오르고
사랑과 이별의 아픔이 있지만
모든 감정과 갈등한다
어떤 길을 걸어갈지 타협과
선택의 기로에 서 있다
내가 만든 드라마의 핵심이 되고
굴곡진 산을 넘어 정점에 선다
성공의 행위는 환호로 가득
하지만 잔혹한 세상
시간은 무정하다 죽음이라는
마지막 막이 내려오고
슬픈 절망의 행위는
눈물로 가득한데
어둠 속에서 희망을 밝히는 배우
그는 세상을 감동시킨다

엔티가 바부다.

카리브해 동부에
위치한 365개의 해변이 있는
억티비티 한 섬
파란 바다 빛 끝이 없는 흰 모래
야자수 그늘 아래
보석처럼 물고기 춤을 추그
산호초 빛나있네
말없이 수평선 바라보는 나그네
자유로운 영혼은
카리브해 노래해 한 잔의 모히또
달콤한 열대과일 향기로
나누었던 시간 행복이 겨워지네
이 아름다운 카리브해
언젠가 다시 너를 찾아오리라

카야 코코 쿠바.

바람은 은은한
꽃향기를 만들고
노을 물든 하늘 구름 그림자
낯선 곳 나그네로 여행을 하지만
눈 감으면 고국의 산천이
꿈속에라도 보고 싶은
그리운 사람들
밤바다 달빛 아래
수많은 상념들 바람에 밀려
흩날리는 하얀 포말은
밤하늘 별빛 아래 춤을 추고
은하수 유성 빛을 내며
달빛에 반짝이는
물결 위를 미끄러지듯
신비로운 이야기를
속삭이고 있다

하바나의 밤바다.

노을 진 구름 이고
서 있는 야자수 바람에 흔들리는
잎들의 속삭임
나래처럼 펼쳐지는 해변을
배경 삼아 태양이
물들며 지는 저녁노을
실루엣과 해변을 걷는 젊은
두 사람 길게 드리워진
야자수 그림자
모래에 앉아 속삭이는 사랑 이야기
하나둘 별이 뜬다
실바람이 닫드는 하얀
물결처럼 진심 어린 마음들
시처럼 아름다운
시간은 흐르는데 설렘은
가슴을 파고든다

정열의 쿠바.

카리브에 아름다운 섬 쿠바여
지브리 아름다운 해변
하얀 모래 위
흔들리는 야자수 아래
나래 가득한 자유의 정신
아~서정적인 밤하늘의
저 별빛 아래 살사춤을
추는 연인들 잊을 수 없는
추억하나 가슴에 담았다
시인의 영감과 혁명의 역사
헤밍웨이와 쿠바의 영웅
체 게바라 하늘을 오르는
시가 연기 나른한 오후
모히또 한 잔의 여유
쿠바여 내 너를 품고 가노라

그리움의 그림자.

스산한 달빛 아래
텅 빈 거리 걸어가네
그리움은 가슴 아픈 것
아련하게 남아있는
솔솔한 너의 향기
저 멀리 사라지던 너의 모습
조각난 기억 속의
너에 속삭임을 잊고 살았네
끝없이 이어지는
지난날의 그리움
닿을 수 없는
따스한 너의 손길
바람에 간간이 흔들리는 낙엽처럼
어둠 속을 헤매는 나의 발자취
쓸쓸한 그림자가 빈 가슴 채운다
어찌 잊을까?

아름다운 꿈.

푸른 하늘 아래 꽃향기 가득
반짝이는 나비 날아다니는 곳
작은 손 맞잡고 꿈나라로 향해
설렘 가득한 우리 발걸음
눈 부신 햇살 아래 따스한 미소
두 사람만의 비밀 이야기
가슴 뛰는 설렘과 벅찬 감동
잊지 못할 아름다운 꿈
혼자가 외롭다는 뜻은 아니다
그대가 나와 하나면 우주를
품은 것이다

그대 봄을 아는가.

긴 겨울잠에서 깨어난 나뭇가지
새싹들이 한 줄기 햇살을
탐한다는 것을 그대는 아는가?
봄은 새로운 시작의 여정
조용한 이 아침 창밖엔 밤새 내린
뚝뚝 눈꽃 녹아떨어지는 소리
봄바람에 실려 오는 새들의 노래와
그리그 설렘의 두근거림
험난한 길 위를 걸어가는 긴 여정에
보물을 찾는 모험가의 발길처럼
그대가 느낀 이 봄바람
속삭임에는 이별과 상실의
아픔도 있다 탐욕을 버리고
깨달음을 얻는 순간
심장이 터질지도 모른다

그 시절.

예전에 찻집 하나 있었지!
지금도 그곳에 있을까?
아름다운 그 시절
눈앞에 선한데 순수했던
우리 웃음소리 지금도 귓가에 맴돌고
문득문득 생각나는 사람
아침이면 햇살이 비취듯 사랑은
늘 우리 곁에 있지만 허전한 마음속으로
추억이 들면 아득한 저길 끝에 나를 보낼까?
가지 않으면 세상은 볼 수가 없다
인생은 예술이며 여행이다
삶에서 묻어나는 외로움을 지우고
길 위에 발자국 세긴다

나의 기준.

나와 다른 개성을 갖고
태어난 수많은 인연과 나의 기준
때로는 열등감으로 상대를 보았고
이제 깨우침의 잣대로 바로 보자
새순처럼 다시 피고 자
수양의 길을 운명처럼 나는 유랑한다
편견 없는 세상이면 다 되는 것을
겸허히 받아들인 나에게 주어진
소중한 시간들 운명을 담보하여
오늘은 허물없는 내가 되어
기준을 바로잡는다

연 인.

나의 연인이여
해 질 녘 외로이 벤치에 앉아
망각 속에 아픈 이별을 떠올립니다
그대의 눈이 내게 머물 때도
내가 외면함은 철없던 시절
사랑에 미숙함이었지요
서글피 우수에 찬
그 눈동자 속에서 외로움을
보면서도 외면했던
내 마음속에 머물다간 그대여
이제는 이별과 함께
가슴 시린 사연으로 이 가슴에
슬픔을 묻었어요
어느 하늘 아래 무정한 꿈으로
내 이름을 떠올릴까?

지중해의 방황.

노을이 아름다운 여기는 지중해요
낯선 사람들이 나를 스치고
손잡고 지나가는 저 연인들도
언젠가 혼자가 되겠지요
마냥 그리워하면서 살아가야 하겠죠
아마 방황하면서 추억이 시야를 가려
어둠이 내리면 당신의 그 시선이
나에게 향할 더 뜨거운 입맞춤
많이 그리울 겁니다
가슴 저미는 아픔을 묻어야 하겠지만
이별해야 다시 만남이 있듯이
둘이지만 언젠가
혼자 가야 하는 길이지요
동트는 해변서 아침을 맞을까요?
헤매다 지치면
또 거할 곳을 찾겠지요
덧없는 세월 서성이고 있네요

이스탄불.

심장이 소리 내어 맥박이 뛴다
미지의 길 위에 서다
세계의 종교가 공존하는 곳
이스탄불에 여정을 풀다
먼 이국땅 새로운
경험은 내 소중한 스승이다
오늘은 지중해의
고대 신들의 역사를 돌아보며
지난 세월의 진실을 기록한다
수천 년간 기록이 보존되어 있는
눈앞에 현존하는 모습들
어리석은 잘못으로
전쟁으로 점철된 역사를 넘어
탐사하는 마음으로
세계사를 기록한다

세상을 누비다.

어둠 속 브서지는 파도 소리
여행자는 잠 못 들고
황폐해진 영혼이 슬퍼질 때
수평선 위의 별을 센다
그림자 속 고독과 머물러진
알 수 없는 나의 삶이
지구촌을 누비면서
내 영혼은 춤을 춘다
열정이 통곡하는 운명에 이끌려
지금도 세상을 휘돈다
상실을 동반한 잃어버린 추억이
슬플 때 망각은 먼 것이다
풀잎에 떨어지는 이슬처럼
고독한 시간이 내게로 와
포말을 일으키는 저 파도마저
내 마음 흔드는구나!

상념.

에게해 저녁노을
내 영혼을 불러와
아름답게 물들입니다
우리 사랑하면
먼 길 돌아 내 곁에
머물러 주세요
우리 비록 멀리 있지만 가끔
떠오르는 상념들은
마음속 간직한 그리움 한 조각
내 후각으로 느낄 수 있는
부드러운 공기 같은 사랑이면
내 안에 담아 두렵니다
방황하는 삶 사랑한다면
그대 내 곁에 있어 주오
사랑은 머물러있지 못하는 건지
물결처럼 왔다 가네요

그랜드캐니언 정상에서.

삶은 흘러가는 것
먼 길을 가는
나그네처럼
삶은 불어오는 산들바람이고
침묵의 소리입니다
삶에 지쳐 초라하다고 느낄 때
나는 영혼을 건드립니다
나에게 심어진 환상의 침묵이
그대에게 투영되면
강물이 바람에 잔물결이 일 때
저 하늘 별이 되어
지친 당신에게 별빛 비추어
그대 걸을 때마다
나는 등불이 되렵니다

회 고.

구름에 달 가듯 무심한 인생사는
유수같이 흘러간다
뒤돌아보니 꿈이었나 때론
바다 위에 떠 있는 홀로된 느낌
과거로 가는 것이 기억이라면
미래로 가는 것은 꿈이었나
한 점 모래알 같은 나는 누구인가?
오늘도 지구 위를 맴돈다
철없이 행복했던 시절도 가는데
사브작 사브작 담 넘어
내 친구 불러내야겠다
감정을 숨기지 말고
그리우면 그리워하자
그리하면 꿈에라도
볼 수 있지 않을까?

아프리카.

다른 세상 설렘과 호기심으로
긴 여정 미지의 아프리카
스와질란드를 거쳐
탄자니아에서 우간다로
나를 이끌었다
주마등처럼 만남의
순간들이 스친다
마사이족과의 추억
대평원 그들의 정겨움
눈앞에 선하다
동물들의 낙원이 펼쳐있다
그들의 아낌없는 배려에
울컥 가슴이 미어진다
충분하진 않지만
만족하는 삶이 얼마나 부러운가?
마음을 나누니 작별이 아쉬워
할머니는 눈물을 보인다

하루의 추억.

삼라만상이 고요히
잠든 이 밤
온 산천 내린
눈 위로 휘영청 밝은
달빛이 눈처럼 내린다
창호지 덧바른 문 너머로
밤이 도망을 갔다
어둠을 삼키고 멀리서
부엉이 우는소리
나를 더욱 쓸쓸하게 만든다
어린 마음에
이유 모를 설움에 북받쳐
눈물이 흘렀고
달빛이 창문 틈에 살며시
추억을 두고 갔다

순간의 정석.

꿈과 기억들이
합쳐지는 순간이 있다
사랑 얼마나 위대한가?
텅 빈 세상에 사랑의 의미 부여
내 영혼을 춤추게 했다
사랑의 눈으로 세상을 볼 수 있다면
결코 외톨지 않을 것이다
사랑은 측정할 수가 없는 미지수
신비하고 경이로운 세상
내가 죽어도 신경 쓰지 않는다
어둠 속에서 공포가 걸어 나와도
자유의 그림자에
숨은 공포는 몰랐다
나는 바람이 되리라
내 심장이 쉬지 않고 요동을 친다

몰타 공화국.

지중해의 감미로운 바람이
얼굴을 스친다
부드러운 백사장에 내린
잿빛 갈매기
보란 듯 머리 위를
끼룩끼룩 날고 있다
밀려오는 파도 소리 나를
외롭게 하면
밀려가는 파도에 사연 적은
연서를 띄우고
슬픈 눈동자로 외로움 실어
날려 보내면
노을 빼긴 서산엔 그리움
걸어놔야겠다
수도 발레타에 여정을 푼다

타히티 섬.

내가 기록했던 순간들
타히티 몽상가 되어 방황할 때
태양은 부드럽게 덥혀주었죠
내 삶의 등력인 여행이
상심의 바다에
외로이 표류하던 심정
바람에 날리는 머리
내 삶의
빛이 되어 희망을 주었던
손길이 그리웠지요
내가 간직했던 기억들이
어디선가 선율로 다가오면
부드러운 눈길로
새벽을 불러내어
혼자 고독하렵니다

볼리비아 여행.

사람과 헤어지면 그뿐이지만
사랑하는 사람과 헤어지면
가슴이 많이 아프다
어렴풋이 스쳐간
수많은 사람들 가끔씩 생각나는
사랑했던 사람
세월의 뒤안길에 사라져 가고
이제는 어느 하늘 아래
나를 잊었나
아파했던 그 순간 돌아보니
그것이 나에겐 사랑이었다
아름다운 시절
회상에 젖어 하늘을 본다
구름에 달간 듯
청춘도 가는구나!

가슴 시린 날.

향기로운 겸손함이
나를 지배하기를 바라면서
길을 나선다
잠시 머무르는 이 세상
그 누군가는 외로움에 지쳐도
가슴은 뛴다
지는 해 빼앗긴 밤에 고독에 묻혀 살던
나의 죽마고우를 데려갔다
저 멀리 지는 석양이 그리움 불러도
가슴이 뛰는데 어찌할 거나
가슴 시린 날에 계절이 찾아오니
달빛이 차가워 서글퍼진다
스치면 스친 데로 그냥 두면 될 것을
기억의 저편에 묻어두고
고뇌 속게 기억의 평안은 망각일 터
가슴이 시린 날에 눈을 감는다

인생무상.

꿈속에 빈 머리 뒤돌아보니
어느새 세월 가고 그러다
계절 오면 덧없어라
서럽지 마오
이미 주어진 내 마음
아련한 미련들 거둘 수는 없는데
세상은 비바람 불어도 무심할 뿐
값없이 떠돌다 갈 곳은
이 세상 어디 메냐
구름은 달빛을 숨기고 어렴풋이
별빛이 어둠을 훔친다
러시아에서 지난날 되돌아보니
허무한 인생무상
말없이 흘러가는 아무르강은
더없이 쓸쓸해 보인다

캄차카 여행.

광풍 노도처럼 쿵쾅쿵쾅
심장이 광란의 칼춤을 춘다
하얀 포말과 함께 성난 파도처럼
광야를 달리고 싶다
아직은 찬 바람이 매섭게 불지만
가지 끝에 울고 가면
방황의 저편에서
수줍은 정령이 손짓하리라
울분을 토하듯 가슴은 창공 위로
마음껏 날고 싶다
막힌 가슴은 터질 듯 비상하잔다
툰드라에도 봄은 오는가
과거로 나를 이끄는 것은
기억이면 미래로 가는 것은
나의 꿈이다

자유로운 여름.여행

말라위 여행.

광활한 우주 공간
조그마한 별 하나
지구촌에 나는 안착했다
태양의 에너지로 생명을 유지하고
생명의 근원인 물을 얻었다
대가 없이 숨 쉴 수 있는
맑은 공기 이 좋은 세상에
신의 영역 안에서 행복을 추구하고
각자의 이상을 꿈꾼다
우리가 느끼며 살고 있는 건
우주의 섭리다
숨 쉴 수 있고 사고와 판단을
인식할 지식이 있음이 고맙지 아니한가?
한 해가 가는 건 새해가 온다는 사실
다른 관점으로 볼 수도 있다
혼자만의 영역이 있음을 인정하고
말라위에서 필을 들었다

무한의 정원.

고요한 새벽 서리맞은
낙엽 한줄기
햇살이 스며들 때
문뜩 깨닫는 존재의 의미
나는 어디에서 온 누구인가?
끝없는 우주 속에서
미미한 존재일 뿐이다
그러나 작은 꽃 한 송이에도
우주의 섭리가 담겨있고
바람에 흔들리는 갈대
흐르는 물결
시간의 흐름 속에서 피어나는
나의 이야기
그것은 우주의 역사와 함께
영원히 이어질 것이다

설렘.

설렘이 나를 흔들면 은하수
너머 내 마음 보내고
별 하나 얻어서 조용히 와야겠다
마냥 그리워하려니
무지 아파 세월이 나를
슬프게 하던 그때 그 시절
가슴 저미는 추억 저편
그리움이 서럽게 파고든다
바라만 봐도 심장이
터질 것 같은 설렘으로 행여나
내 마음 들킬까 봐
숨소리마저 참았던 철없던 시절
몸짓 하나로 눈물이 날까 봐
나는 고개를 숙였다
아련히 생각나는 그때의
설렘이 왜 나를
슬프게 하는가?

봄 마중.

구름은 산허리로 휘감아 돌고
운무는 산 아래 호수구나
오월은 만물을 살리고 춤추는데
그대 떠나가고 있는가?
조용함이 잠들 때
나를 두고 어딜 가나?
구름에 달 가듯이 떠나가는
나그네 사랑은 순풍을 타고 오는데
이 봄은 세상 밖으로 나를 유혹하네
다시 또 길 위에 서자
미지의 세상 머무는 곳 몰라도
유유자적 지구촌 길 위에
내 발자국 남기며
또 다른 인연 오월이 가는데
봄 마중은 가야지

인연 (2)

눈을 뜨니 내가 있다
태양의 눈인사 창문을 넘어온다
아름다운 아침이여
영롱한 이슬이 풀잎 맺힐 때
나는 숨 쉬고 있다
잊을 수 없는 사람 보고 싶은
사람은 내 인생의 일기장
누구든 자기만의 삶의 무게가 있다
내가 나를 평가할 수 없듯이
좋은 날에 함께한 사람도 변한다
언젠가는 떠날 것이다
잠시 스쳐 간
사람을 인연이 아니라고 할 것인가?
큰 고통이 있어야
즐거움도 있듯이 내 인생의
스승은 경험이 아닐까?

몽골 여행.

고국을 떠나면
모두가 애국자가 된다
시간을 되돌아보면
만감은 처만 치
고국의 하늘로
무심코 시선을 멈춘다
몽골 끝이 없는 대평원
속절없이 우는 저 바람
지난날 뒤돌아 서럽다 할까?
홀로서기 힘이 되어 준
친구가 있음에 감사할 일이
많은 줄 이제야 알았고
더 많은 그리움 안고서
이제 집으로 간다
가끔씩 하늘을 쳐다보자
별들이 기다린다

새해 편지.

새해 첫날
타일랜드에서 새해를 맞이하며
싱그러운 숲 넘어
고국의 하늘로 편지를 보낸다
검푸른 나무들은 신나게 춤을 추고
마른 잎 떨어지니
지난 세월 파편처럼 흩어진
삶의 조각을 모아
추억 한 아름 안고서 가려 하네
노을빛 저물어 눈가를 적시면
나는 깊은 심연에 빠진다
보편적인 인류애를
나누지 못한 아쉬움에
나는 또다시 일어나
사랑의 향기를 전해주리라

몰디브 밤바다.

하늘의 별은
어두워야 빛난다 해풍에
실려오는 꽃향기 몰디브의 밤바다
감성이 야자수 사이로 스민다
향긋한 바람이 코끝을 스치고
나는 십자성 별을 본다
간간히 풀벌레 소리가
귓가에 어잔한 슬픔으로
心금을 울려 처얼썩 파도가
이 마음 휘감고
눈물을 기어이 흘리게 하누나
별이여
달 빛나면 사라질 것을
오롯이 홀로
이 밤을 울게 하는가?

애 락.

삼라만상이
고요히 잠든 밤 휘영청
밝은 달은
강물 위에 달빛을
소리 없이 내리고
코끝을 스치는 바람은
님의 향기로
내 마음 휘저어 설레게 하는데
달빛 어린 그대 모습
투영되어 강물 위에 떠 있구나
인연의 소중함을
아로새겨 이생이 다할 때까지
이 손을 놓지 마오
먼 훗날 아낌없이 사랑했노라
말할 수 있게

인도양 연서.

스리랑카를
거쳐 몰디브 안착
하얀 모래톱에 설렘 묻고
안온한 분위기에 사랑을 얹었다
따뜻한 연인들의 눈길
열정이 부러워
호기심 발동하여
모른 척 눈 감고
속삭임 엿듣는다
정결을 불태울
내 안의 감성을 불러내어
수평선 너머로
정열의 꽃 엽서를
그대에게 띄우고
애잔한 그리움에
두 눈을 감는다

붉은 협곡.

그랜드캐니언 너를 만났다
거대한 손으로 빚은 듯
붉은 협곡의 장대한 풍경 앞에
숨을 멈추고 경외심에 휩싸인다
자연의 위대함을 깨닫게 하고
인간의 존재를 겸손하게 만든다
시간의 강물은 켜켜이 쌓인
암석의 역사에 새겨지고
바람과 햇살은
그 위를 춤추듯 흘러간다
콜로라도강의 우렁찬 목소리
협곡을 가득 채우는 바람의 노래
시간이 멈춘듯한 풍경 속에서
나는 영원을 느꼈다

인도의 아침.

후각으로
세월의 냄새를 맡는다
이역만리 타국에서
내면의 향수를 끄집어내는구나!
이방인의 호기심
조용한 아침 친절한
할아버지 미소가 아름답다
인도의 냄새를 맡고
향신료에 이끌려
허기를 면했다
식당 주인의
주름진 얼굴에 선한 미소
나는 인도에서
행복의 냄새를 훔쳤다
조용한 아침의 나라에서

여행 이란.

두 눈 위로 태양은 더 높았고
미지의 세상
오늘 여기 내가 있다는 현실은
존재의 가치
어떤 기억은 잊히기도 하겠지만
멀리 있어도 가까이 있는 느낌
함께 있을 때 무언가를 만들 수 있다
우린 무언가를 찾아 헤매고
더 큰 이상을 꿈꾸고 있다
잠시 한걸음 만 더디 가자
잠시 기다려주면
뒤 오는 이 만날 수 있게
인생은 미로 같은 여정이며
머물다 가는 것 그냥 떠난다.
실체 없는 바람이 나를 이끈다

세느강의 철학.

굽이굽이 흐르는 센 강
파리의 심장을 감싸 안고 흐른다
역사의 숨결
예술의 향기 낭만의 고요
에펠탑 노트르담
루브르박물관 시간의 흐름
묵묵히 지켜보았다
사랑과 이별
다리 아래 흐르는 추억의 강물
삶의 풍경 담고 있네
철학가 예술가
연인들의 속삭임 삶의 의미
센 강은 질문을 던지네
오늘도 센 강은 유유히 흐른다
영원과 찰나 센 강은
삶의 진리를 담고 있다

낙원의 숨결.

에메랄드빛 바다 넘실대는 곳
파푸아뉴기니
낙원의 숨결 원시의 숲
우거진 깊은 산속 신비로운
새들의 노랫소리 울려 퍼지네
다채로운 산호초
바닷속 가득 눈부신 고기들의 향연
눈부시게 펼쳐지네
전통을 간직한 마을 사람들
따뜻한 미소로
이방인을 맞이하네
파푸아뉴기니 꿈결 같은 곳
영원히
기억될 아름다운 추억

눈 내리는 밤.

하얀 눈이 내리는 고저녘한
이 밤에
하얀 눈이 내리네!
사색하는 이 밤에
삼라만상이 고요히 잠든
이 밤
아련히 떠오르는
철부지 사랑
콩닥콩닥 눈치 없이
철없던 심장
긴 세월 질곡의 연속으로
쉼 없이 맴돈다
간간이 느끼는 우주의 소리
기억을 찾아
옛 친구 이름 불러본다.

새로운 시작.

차가운 바람
앙상한 가지 그리고
그요한 침묵의 하얀 세상
시간은 멈춘 듯
조용한 공간 깊은 사색만이
마음을 채우네
삶의 무게 내려놓고
그요한 겨울 자신을 찾는다
차가운 바람 속
다스한 온기 내면의 불꽃
다시 타오르네
새로운 시작을 기다리며
겨울 끝자락
부푼 희망을 품는다

얼음과 불의 노래.

짙푸른 하늘 아래
펼쳐진 빙하의 노래
하얀 침묵 속에 흐르는
시간의 숨결
검은 모래 해변에 부서지는
파도의 울음
뜨거운 용암 아래 숨 쉬는
대지의 분노
오로라의 커튼 밤하늘 수놓는
별들의 향연
차가운 바람결에 실려 오는
대자연의 교향곡
끝없이 펼쳐진 대지의 숨결
손길이 닿지 않은 신비
아이슬란드 그 이름만으로도
가슴 뛰는 곳
아름다운 그곳에서
나는 자연과 하나 되었다

비 오는 날

담담한 빗소리 들으며
따스한 커피 한 잔

다시는 저녁 옛 추억들이
다음속에 살아 퍼져

지나간 시간들을 생각하면
아련했던 과거가

더욱 아름다운 추억으로 남아
비 오는 날

당신도 저와 함께 따스한
추억에 잠겨보세요

~ 지난 추억소환 ~
카파도키아 여행중 찦차 사파리

어머니의 흔적.

아들 밥 먹자 하는
자상한 소리에 눈을 뜨니
엄마는 밥상을 들이신다
눈에 반사된 화사한 어머니의
모습 뒤로 하얀 백색의
나라가 펼쳐있다
눈 덮인 산하를 눈에 담고자
뒷동산에 올랐다
아 눈부신 풍경
가슴이 터질 것 같다
태양이 밝게 비춘다
소나무 가지 위에
소복 소복 쌓인 눈은
너무도 아름답게
보석처럼 영롱하게 반짝였다
세월은 가는데
추억은 아직 여기 있다
어린 시절과
어머니의 흔적으로

빗방울 수채화.

검은 하늘 그늘 아래
촉촉한 빗방울은 천사의 눈물
신선한 바람에
흔들리는 나뭇잎들은 짙은
에메랄드빛 물감을 흩뿌려 세상을
그림처럼 아름답게 물들입니다
빗방울 닿는 곳마다 꽃들이
피어나 다양한
색채로 세상을 장식합니다
자연의 노래가
나의 귀를 간지럽히면
마음속에 평화가 가득 채워집니다
이런 날 창가에 앉아
한 편의 시를 쓰고 싶습니다

月下 윤점효 시인 시평

시가 언어의 가장 첨단적이고 전위적인 언어의 예술이라고 하지만 그 표현이 지나치게 기교만 부린다면 시의 역할을 다한다고 말할 수 없을 것이다. 그러므로 시인은 끊임없는 노력으로 언어를 조탁하고 현실과의 대결 속에서 삶의 진실과 아름다움을 추구하는 연금술사가 되어서 삶의 문제에 귀임하는 것이어야 하며 따라서 시의 바탕은 이러한 삶의 동일성으로 이해될 수 있어야 할 것이다.

길어진 여정이 담을 게 많음인가 떠나온 자의 열정에 함께 묻어간다. 에게해의 신선함에 매료되어서 마음 가는 데로 감정에 몸을 맡긴다. 길어진 여정이라는 표현은 긴 여정을 누군가가 길어지고 오래도록 보내기에 담을 게 많음인가 길어진 여정은 머릿속에 오래도록 담을 일들이 많아서 여행하는 자의 관심과 열정에 함께 머물게 한다.

갯내음이 은은히 불쳐 오는 신선한 바람에 휩싸여서 마음이 뭉게구름처럼 피어오르는 포만감에 몸을 맡긴다. 아름다운 풍경에 해맑은 얼굴들 하얀 행복의 젊은 연인들 모습 장미를 연상케 하는 미소가 되고 보이는 모든 사람이 천사의 모습 같다 아름다운 풍경에 매료되어 상기된 얼굴들이 흰옷을 말쑥하지 차려입은 젊은 여인들의 꽃다운 모습이 시선을 고정하는 장미처럼 피어나고 미소를 머금게 한다. 이 모습들이 마치 천사가 날아와 거니는 그것 같다. 해변을 거니는 여인들의 모습을 언어의 연금술사가 되어 우리들의 가슴속을 파고든다. 윤점효 시인은 감성이 풍부하고 자연을 노래하는 서정시 시를 사랑하고 아끼는 멋진 시인은 여행하며 쓴 시가 감탄사가 저절로 나온다.

이월성 명예회장

◈ 좋은문학창작예술인협회에서 발행되는 도서
◈ 전국서점 인터넷 서점에서 구매하실 수 있습니다.

시집, 교보문고, 영풍문고, 서울문고, 반디, 인터파크,
11번가, 옥션, G마켓, 예스24 등 전국에 약 300군데에
신간 안내 보시면 됩니다.

개인 시집, 문인들의 밥솥, 은혜 속에 핀 꽃, 낙원,
고난 속에 핀 꽃, 촛불, 아름다운 사회 글과 시,
천국 소망, 사랑과 은혜, 사랑 나눔, 공갈못(공검지),
별 밤에 피어난 꽃, 안생여정 황홀한 노을을 걷다 등은
교보문고, 영풍문고, 서울문고, 반디, 인터파크, 11번가,
옥션, G마켓, 예스24 등 전국에 약 300군데에
신간 안내 보면 됩니다. 인터넷 검색 창에서 검색이나
직접 방문하셔서 확인 가능합니다.

도서출판 지능신기교육 도서총판보람도서

◈ 홈페이지 : Borambook.co.kr
◈ 이 메 일 : boram@borambook.co.kr
◈ 전 화 : 010-5250-7130 / 02-856-4983
◈ 팩 스 : 02-856-4984

자유로운 영혼.여행

펴낸이 | 月下 윤점효 시인, 여행가
발행인 | 수아 조복수 작가
발행일 | 2025년도 3월 20일
발행처 | 좋은문학창작예술인협회(문학과 예술 종합문예지)
편집교정 | 작가 조복수 발행인
출판등록 | 고양 마 00013
디자인 | 김현주 / 손형이

드서출판 좋은문학 창작 예술인협회
주 소 : 경기도 고양시 일산 서구 킨택스로 456

🍀 이메일 : jba-123@hanmail.net
🍀 출판 문의 : **02-856-4983**
🍀 홈페이지 다음 카페 http://cafe.daum.net/kbo123
🍀 정가 : 13,000원

🍀 이도서는 국립중앙도서관 출판예정도서 국가자료 등록
🍀 홈페이지에서 확인 가능 http://www.nl.go.kr